O espelho mágico

Dados Internacionais de Catalogação na Publicação (CIP)
(Câmara Brasileira do Livro, SP, Brasil)

Gaiarsa, José Ângelo
    O espelho mágico : um fenômeno social chamado corpo
e alma / José Ângelo Gaiarsa. – 14. ed. revista – São Paulo :
Summus, 2013.

    ISBN 978-85-7183-112-4

    1. Comunicação - Aspectos sociais 2. Relações humanas I. Título.

12-14509   CDD-302.2

Índices para catálogo sistemático:
1. Comunicação : Aspectos sociais : Psicologia social 302.2
2. Relação interpessoais : Comunicação : Aspectos sociais 302.2

www.editoraagora.com.br

EDITORA AFILIADA

J. A. Gaiarsa

O espelho mágico

Um fenômeno social chamado corpo e alma

EDITORA
ÁGORA

Editora executiva: **Soraia Bini Cury**
Editora assistente: **Salete Del Guerra**
Capa: **Marianne Lépine**
Foto de capa: **Stefan Patay**
Projeto gráfico e diagramação: **Crayon Editorial**
Ilustrações: **Claudio Rocha e Suzana Barros Freire,
com a cooperação criativa do autor**
Impressão: **Sumago Gráfica Editorial**

Editora Ágora
Departamento editorial
Rua Itapicuru, 613 – 7º andar
05006-000 – São Paulo – SP
Fone: (11) 3872-3322
Fax: (11) 3872-7476
http://www.agora.com.br
e-mail: agora@agora.com.br

Atendimento ao consumidor
Summus Editorial
Fone: (11) 3865-9890

Vendas por atacado
Fone: (11) 3873-8638
Fax: (11) 3873-7085
e-mail: vendas@summus.com.br

Impresso no Brasil

SUMÁRIO

1 A FACE ESTRANHA QUE É A MINHA

**Meu rosto me é mais estranho que meu íntimo.
Mais fácil me é aceitar um
pensamento como meu do que
aceitar (ou sequer perceber) que
ao dizer "sinto muito" a expressão
de meu rosto era de completa indiferença.**

SOU APRESENTADO A UMA pessoa em reunião social. Converso com ela meia hora. Vejo mais do seu rosto, durante esse tempo, do que vi do meu rosto durante o ano inteiro. Não só vi muito mais, como vi de outro modo. *Eu reparei* no seu sorriso, no seu modo de olhar, prestei atenção no gesticular de suas mãos e nas posições de seu corpo.

Tudo que vi influiu no nosso relacionamento; mas se, ao me despedir, alguém me perguntar o que achei da pessoa resumo minha impressão em frases curtas:

– simpático
– chato
– legal
– que pretensioso
– um coitado
– que matraca.

Se um amigo – ele também um chato! – insistir em saber o que percebi durante a conversa, terei muita dificuldade em qualificar os movimentos, os gestos e os tons de voz. Se por acaso o diálogo entre mim e o estranho for filmado e eu tiver a oportunidade de ver o filme, o estranho continuará estranho para mim; o filme mostrará uma porção de expressões da pessoa que vi, mas na certa esqueci. Tanto o diálogo social como o filme nos demonstram um fato importante: percebemos bastante da expressão não verbal dos outros, mas temos consciência vaga e obscura dessa percepção que comporá nosso julgamento e determinará nossa atitude ante a pessoa.

Durante toda a conversa, porém, o mais estranho dos rostos que participavam dela era o meu – sem a menor sombra de dúvida. Se ao outro eu percebia de forma global e pouco distinta, de mim mesmo só percebia uma coisa: aquilo que *eu pensava* enquanto ele falava ou eu falava. Tudo mais, meu sorrir, meu gesticular, meu olhar, escapava, quase de todo, à minha percepção – mas não à dele!

Ele estava lendo meu corpo.

Podemos afirmar este paradoxo em relação a um encontro e a uma conversa de meia hora com um estranho: o rosto dele se fez quase familiar para mim e o meu rosto se fez quase familiar para ele, ao longo da conversa, mas meu rosto, *para mim,* e o rosto dele, *para ele,* continuam tão estranhos quanto sempre foram! Falar consigo ou falar sozinho são expressões familiares, mas "conversar com o próprio corpo" é uma declaração estranha.

Ninguém conversa com o próprio corpo...

NO DIÁLOGO
COM O OUTRO,
QUEM ESTÁ DE COSTAS
É VOCÊ,
QUE NÃO SE VÊ.

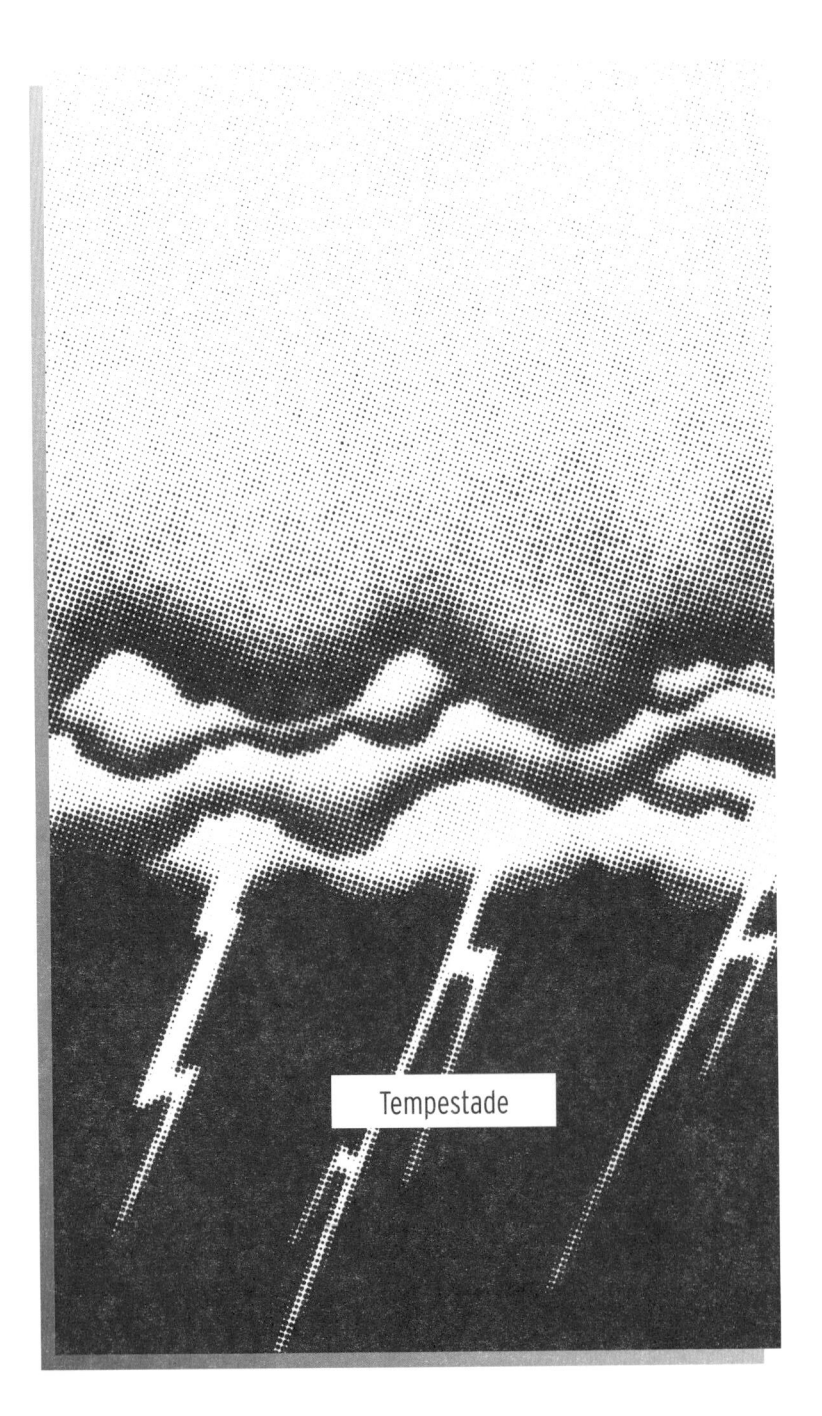

Tempestade

2 O ACONTECER E AS CATEGORIAS

O ACONTECER É MUITO mais amplo do que o retrato falado que dele fazemos – depois que ele aconteceu.

As categorias são verbais e o acontecer, além de ser verbal, é também visual, afetivo, condicionado pela experiência passada. Depende do lugar, do momento, das pessoas.

O acontecer é, também, muito mais rico do que as palavras que dizemos enquanto este se desenrola.

No entanto, porque a palavra é fácil, porque somos animais irremediavelmente tagarelas,

porque a palavra fez ao homem muito mais
do que o homem fez à palavra.

Por tudo isso e por muito mais, preferimos, sempre que não seja absolutamente indispensável proceder de outro modo, acreditar que as palavras se confundem com as coisas, e que o mundo é uma vasta sinfonia de significados verbais e mais nada. O mundo é uma soma de significados sem substância: um dicionário!

Além disso, **"O acontecer é global e simultâneo, ao passo que o verbal é sucessivo e linear..."** (Marshall McLuhan)

Muitas coisas acontecem a cada instante. Se fôssemos descrever, com toda a precisão, um instante do acontecer, facilmente escreveríamos um livro. Para ler este livro, de outra parte, levaríamos tempo deveras enorme, se comparado com a duração do instante em que o acontecer aconteceu.

As palavras representam muito pouco do fato e, além disso, colocam todos os fatos dentro do mesmo sistema de coordenadas.

Tudo fica imensamente simplificado.
Tudo fica imensamente falsificado.

Quanto tempo você demora para **ler** o texto?
Quanto tempo você demora para **ver** a figura?

O menino
O menino chama-se Joãozinho
A bola
Joãozinho corre atrás da bola
O cachorro
O cachorro chama-se Leão
O portão
A cerca
O portão completa a cerca
Joãozinho está na frente do portão
A árvore
A árvore está dentro do cercado

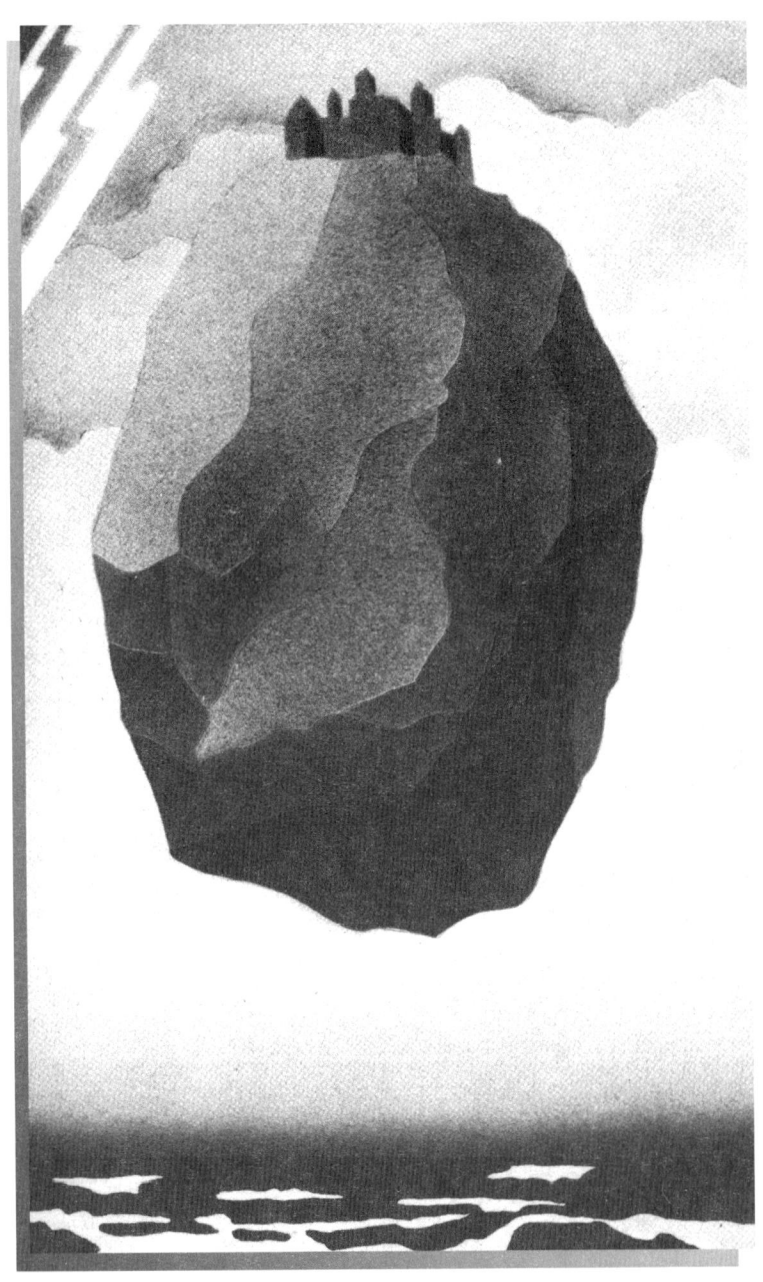

Eterno como a rocha. Volúvel como as ondas.
(Mas as ondas acabam com a rocha.)

3 AS PALAVRAS E A ETERNIDADE

Há milênios, os homens descobriram uma classificação dita fundamental das coisas: as transitórias e as "eternas" (permanentes, "seguras"...)

NA VERDADE, A DISTINÇÃO tem mais que milênios. Começou com os primeiros balbucios humanos, porque as únicas coisas estáveis do mundo são as palavras, que podemos repetir, sempre iguais e sempre as mesmas, quando e quanto nos apraz. Podemos descansar nas palavras, confiar nas palavras, obter delas a mais profunda e embaladora ilusão de certeza, de segurança e de permanência. A Lei, os Princípios, o Regulamento – eis a eternidade realizada.

Tudo mais muda, caminha, transforma-se, evolui.

De outra parte, se a cada momento que abrirmos os olhos percebermos com clareza todas as diferenças que ocorreram em torno de nós e dentro de nós durante esse instante, viveremos em pasmo e em perplexidade sem fim.

Recém-nascidos a cada momento! Caleidoscópios que se transmudam a cada instante. Não seria loucura?

Algo precisa parecer-nos estável: escolhemos as palavras. É muito importante manter a ilusão de que as coisas são permanentes.

Na verdade, é muito importante transformar, por um ato de adoração, coisas tão transitórias quanto as demais em coisas "eternas". Nosso ato de adoração eterniza as coisas.

Assim nasce a liturgia.

É nosso medo que nos faz adorar.

AD + ORAR = Recorrer a alguém.

Nosso prêmio é a ficção de segurança.

"Nada mudou. Sou sempre eu!"

4 TUDO COMEÇA NA INFÂNCIA (FREUD)

B EM ANTES DE APRENDERMOS a falar, porém, já sabemos muito bem o que mamãe quer dizer com o olhar e com o tom de voz, o que significa o gesto de nosso irmão, como fazer para controlar as visitas – tudo isso sem abrir a boca! Com sorrizinhos, bater de palmas, gargarejos, volver de cabeça e movimento dos olhos, conversamos ativamente com o mundo que nos cerca desde poucos meses de idade. O corpo fala e os olhos ouvem muito antes de a boca aprender a articular palavras. É de supor que, já com 1 ano, sabemos bastante bem qual é o estado de espírito de mamãe apenas ouvindo seu tom de voz, apenas sentindo sua maneira de nos retirar do berço e de nos carregar nos braços.

Só vários anos depois é que a palavra começa a fazer-se importante para nós; a palavra como articulação, significado, ordem, súplica.

Mesmo mais tarde, em nossa vida, sabemos bem como devemos proceder diante do patrão, do professor ou do papai, apenas percebendo, num relance, a expressão do rosto de cada um deles, a maneira de gesticular ou até o ruído da marcha desses personagens importantes. *Ouvimos com os olhos.*

Note-se que os estados de ânimo variam facilmente e o bom filho sabe o que papai está pensando, até sem olhar para ele. Quando papai chega em casa, não é bom dizer que, com a bola, quebrou a vidraça do vizinho. Uma hora depois, quando papai já desabafou o mau humor, mudou de voz, de cara e de roupa, a confissão pode ser feita com risco bem menor...

Se só as palavras tivessem significado...

Mundo da criança

Mundo do adulto

5 O VÍCIO DA PALAVRA

O VÍCIO DA PALAVRA, portanto, não é apenas congênito – é hereditário. Só se faz vício, realmente, lá pelos 8, 10 ou mais anos, época em que conseguimos falar de verdade, com fluência, empregando as palavras no sentido em que os adultos do nosso mundo as empregam.

É nesse período que incorporamos um código geral de significados.

Antes disso, a palavra era uma porção de coisas, era exclamação, música, brinquedo, poema, meio de conseguir atenção, de parecer inteligente, de impressionar gente grande.

Era tudo que se queria, menos palavra.

6 O ESPELHO MÁGICO DA RAINHA

Todos os espelhos são mágicos.
Mostram apenas o que queremos ver.

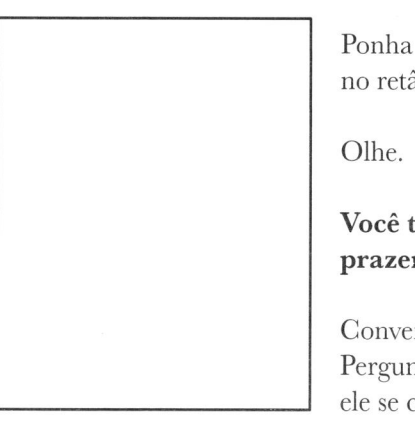

Ponha um espelho
no retângulo em branco.

Olhe.

**Você tem realmente
prazer em conhecer-se?**

Converse com ele.
Pergunte como
ele se chama...

QUANDO OLHAMOS PARA O espelho, fácil e inconscientemente *desfazemos* expressões que poderiam desdizer das que os outros veem.

Se prestássemos atenção àquela face, na certa estranharíamos:

"Quem é?"

Mas ninguém faz isso. Já se viu alguém ficar se olhando no espelho apenas para se conhecer? *Que vergonha!* É coisa de esquizofrênico. Além disso, é narcisismo! É indecente ficar olhando tanto tempo para si mesmo... Por isso olhamos pouco para o espelho. Quando olhamos, fazemos a cara que nos apraz ou vemos a cara que nos convém.

Quando não, olhamos para ver se a barba está comprida, se o cabelo está despenteado, se a maquiagem ficou como devia.

Sempre olhamos para o espelho com alguma intenção e, por isso, nada mais vemos fora dessa intenção. A intenção é um *seletor* de estímulos. Por isso o espelho não serve para nos mostrar nossa face, que, lembremos, é uma estranha face para nós.

O espelho não serve para descobrirmos o criminoso.

E a fotografia? Será que serve? Tomemos o álbum de retratos. Quando vemos uma fotografia nossa, logo vamos dizendo: *"Não parece comigo. Não sei de quem é essa cara. Não sou fotogênico. Olha meu cabelo desarrumado! Que nariz feio que eu tenho. Isso é lá fotógrafo!"*

E a voz? Numa hora de brinquedo, gravamos a conversa das pessoas e a nossa também. Em seguida, ouvimos o gravador e continua o rosário: *"Que voz esquisita! Minha voz não é assim. Nunca imaginei que minha voz fosse assim. Que voz feia, não gosto dela. É assim que falo?"*

Por fim, o acaso feliz nos permite ver a nós mesmos numa película de cinema ou em vídeo. Aí a coisa alcança níveis absurdos...

Nossa aparência pode, num instante, produzir em nós desvanecimento de complacência e, em outro momento, agudo sentimento de vergonha, de constrangimento ou de estranheza. Por isso evitamos todo *feedback*. Positivamente: não nos conhecemos.

Nem por fora. E pretendemos conhecer-nos por dentro. Pior do que isso: vivem todos convictos de que o que aparece por fora – as aparências – não têm nada que ver com a pessoa, não é dela nem é ela! De quem é, então?

ESTOU TÃO CONTENTE!

ME DOU BEM COM TODO MUNDO...

EU SOU MUITO CALMO...

SOU TÃO INFELIZ!

7 O ÍNTIMO ESTÁ POR FORA!

DEPOIS DE UM ENCONTRO ou de uma conversa, sempre achamos que dissemos exatamente o que queríamos. Nove vezes em dez, essa convicção é redondamente falsa. Expressamos apenas "nossa opinião", isto é,

as palavras que tínhamos em mente.

Não cuidamos do gesto, do tom de voz, do olhar, de nada... Sempre que temos de falar com alguém importante, cuidamos um pouco dessas coisas e então nos sentimos mal, meio presos, meio atores. Esse mal-estar é boa medida do que nos custa

tomar consciência
de nossa expressão não verbal.

As coisas pioram se considerarmos que a convicção de termos dito "exatamente o que pensamos" é implícita, é uma certeza íntima que as pessoas nunca ou quase nunca põem em dúvida. Por vezes, o interlocutor não ouviu uma palavra sequer. Fez dos olhos um videoteipe e nos fotografou por dentro pelos gestos.

Enquanto as pessoas falam face a face, o gesto
e a voz dizem mais e diferem muito do que as
palavras estão afirmando – e do que a pessoa
considera sua intenção.

O mal-entendido se faz irremediável porque, se mostrarmos às pessoas o jeito com que elas falam ou gesticulam, podemos ter quase certeza de fazer inimigos. "Sua voz era prepotente", "Seu olhar era duro", "Seu sorriso era de pouco caso", "Seu olhar era de desconfiança" *são pequenas frases que podem iniciar uma guerra.*

8 CORPO E ALMA

Por que as coisas se passam assim?
Por que a palavra é tão boa para disfarçar?

PORQUE QUEREMOS CRER, PORQUE precisamos crer que não mostramos aquilo que não fica bem, que não é elegante, que é mau ou feio. Essa divergência entre o que acredito estar mostrando e o que o outro vê gerou uma das dicotomias mais falsas e mais patéticas de toda a história do pensamento humano – a noção de corpo e alma.

Alma é aquilo que eu
acho que estou mostrando.

Corpo é aquilo que
o outro vê de mim.

Quase sempre há entre as duas divergência tão acentuada que só pode ser "explicada", *logicamente*, pela existência de *duas coisas* diferentes "por natureza" e discordantes na intenção: *corpo* e *alma*, precisamente.

Em termos modernos, falamos de *objetividade* e de *subjetividade*. A distinção continua válida; na verdade, continua a mesma. Todos são muito ciosos daquilo que pensam, sentem e dizem; quase ninguém tem a menor noção daquilo que mostra enquanto está pensando, sentindo ou dizendo: objetividade e subjetividade, dois mundos à parte!

Contudo, só posso conhecer minha subjetividade pelo retro--efeito de minha objetivação. O EU resulta dos *feedbacks* sociais de nossa ação.

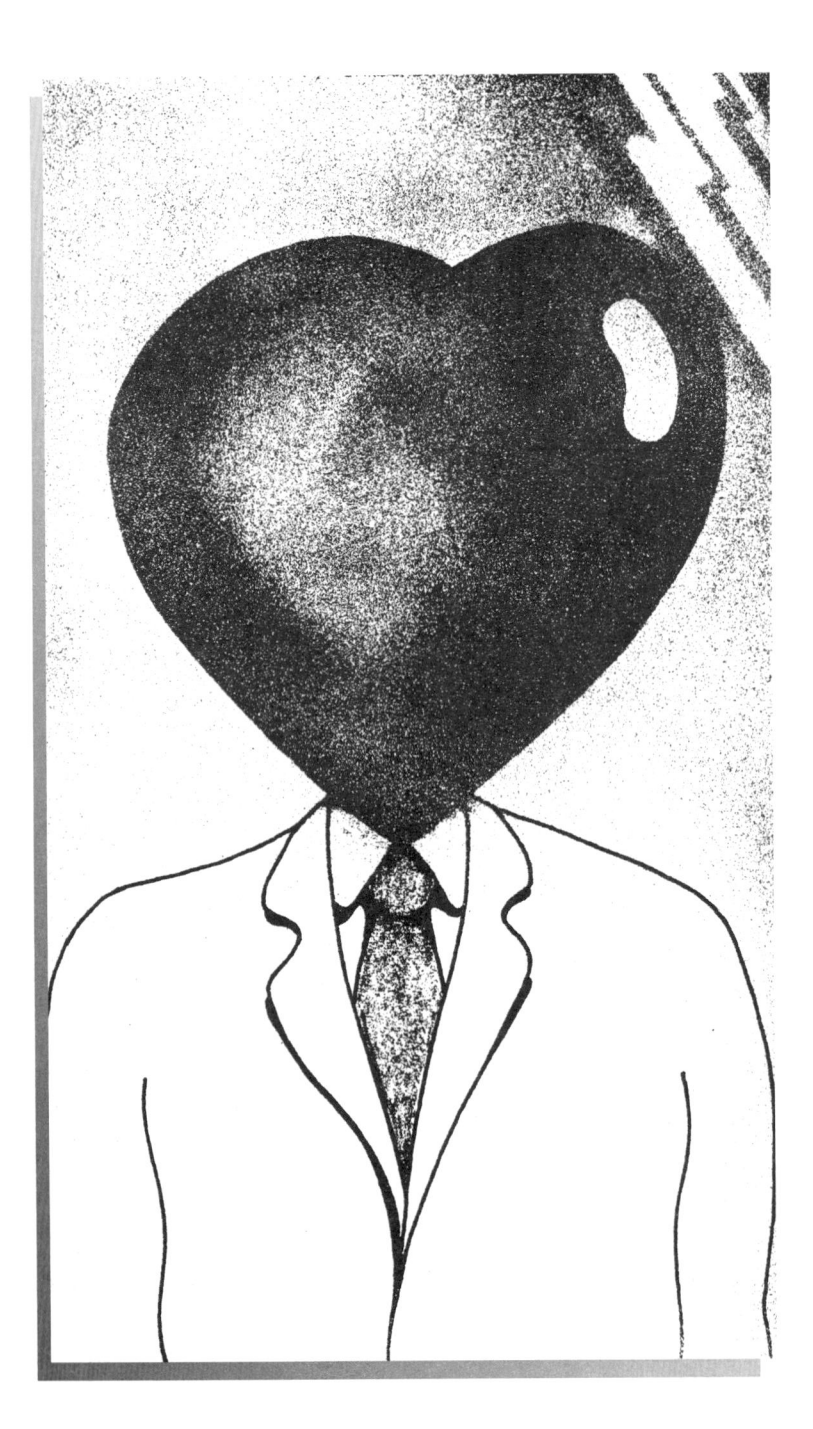

9 QUEM VÊ CARA VÊ CORAÇÃO?

Vê. Vê muito bem. Basta olhar.

CARA É O CORPO e coração é o íntimo. Alguns sinônimos nos auxiliarão. Nos romances fala-se do *íntimo;* nos textos de filosofia existencial, do *inefável,* do *profundo*; nos textos de psicanálise fala-se do *inconsciente,* também tido como profundo, misterioso e mágico.

O corpo, a face e o gesto são sempre minimizados, como se fossem propriedade exclusiva de mímicos, de palhaços ou de atores, alguma coisa subalterna, ligeiramente cômica e, acima de tudo, algo com o qual *eu faço o que eu quero.* Nada mais falso do que essa convicção.

As pessoas têm controle precaríssimo das suas expressões não verbais. Quase ninguém *percebe* os movimentos que faz nem as expressões que tem na face. Ninguém acha importante conhecer o próprio rosto e ninguém se dá conta da importância dessas coisas. Mas para o outro nossa face é sempre muito importante! É para ela que ele olha o tempo todo.

Os limites dessa situação tragicômica podem ser encontrados na psicanálise. Pretende ela investigar as profundezas do ser humano e a primeira coisa que faz, a fim de realizar esse propósito, é afastar deliberadamente os olhos daquilo que está aí – o pobre corpo de sempre! *As profundezas do ser humano são aquilo que transparece nas palavras* – nem mais nem menos. Esse o princípio *prático* da psicanálise.

As palavras são o espelho do SER!
Nas palavras humanas existe:

Letra e música

A LETRA COMUNICA MUITO DO processo intelectual e a música comunica muito do processo emocional. Mas a palavra continua e continuará para todo sempre sendo apenas parte do homem. Se não olharmos para seu corpo, certamente não o veremos nem saberemos como é esse homem. Além disso, sem ver a face e o corpo, nem sequer podemos compreender bem o que a pessoa está dizendo, pois é de forma instintiva que captamos o sentido da palavra pelo modo (e pela situação) como ela é dita. Enfaixemos o corpo e a alma emudece.

Aqui é importante assinalar o fato de uma ciência tão nova, ainda com grande prestígio, nascida do desejo idealista de compreender bem o homem inteiro, acabar engolida pelo preconceito milenar de corpo e alma... Também para o psicanalista,

a alma é aquilo que se ouve por meio da palavra, e o corpo é aquilo que não importa muito.

Perfeito asceta, amante do espírito e cheio de desprezo pela carne...

Quando movimento social da envergadura da psicanálise embarca em omissão dessa grandeza, podemos suspeitar de que o preconceito correspondente é deveras profundo, significativo e atuante.

Por que o homem não quer saber de seu corpo?

Por que não quer se ver sequer no espelho? Quem transformou o corpo em

pecado?

10 O INCONSCIENTE VISÍVEL (REICH)

Contudo – se bem olharmos –, todos estamos nus, na voz, no gesto, no rosto, nas mãos, na postura, no olhar...

R EICH APRENDEU A VER e ensinou a ver. Ele pôde mostrar que escondemos pouco ou nada de nossos sentimentos e intenções. Nossos sentimentos alteram nossas ex-

pressões e nossos gestos, ou provocam em nós esforços destinados a contê-los, controlá-los, escondê-los. *Para quem tem olhos de ver, todos estão NUS.*

De qualquer modo, ou vemos o que a pessoa sente, ou percebemos o que ela está pretendendo esconder. Com alguma prática, percebemos com clareza *sua maneira de esconder as coisas* – o que, afinal, é um modo de revelar-se.

Quer isso dizer que todas as pessoas vivem sempre cheias de más intenções *que escondem a todo instante?*

Nosso interior será uma lata de lixo?

(Lida ingenuamente, a psicanálise nos diz que sim...)
Convém aprender a distinguir nas pessoas as atitudes estáveis e as atitudes que surgem; também, convém distinguir os gestos estereotipados, sempre os mesmos, muito característicos da pessoa, e os gestos espontâneos que aparecem ou nascem aqui e agora.

Com um pouco de prática, a distinção não é muito difícil. Quase tudo que é estável ou estereotipado desperta pouca ou nenhuma ressonância no observador atento; aparece como formalismo, hábito, rotina.

Mas é preciso cuidado nessas coisas: se o observador atento, apesar de atento, é ele também rotineiro ou formal, poderá achar o outro muito espontâneo e autêntico!

Ainda, se vejo alguém pela primeira vez, vejo-o como novidade. Só ao reencontrá-lo ou ao conviver com ele vou percebendo até que ponto ele se repete.

Quando se fala de pessoas que observam ou são observadas, convém não embarcar na ilusão de que o observador, pelo fato de ser observador, está isento de si mesmo.

Ninguém está isento de si mesmo e só podemos ver o outro através dos nossos olhos e dentro de nossa perspectiva.

Vemos o mundo com nossa experiência. Isso é irremediável.

Reich mostrou ainda, com cuidado e precisão, que as atitudes mais estáveis das pessoas e seus gestos estereotipados são verdadeiro resumo da história vivida por elas.

Quem teve pai despótico desenvolve atitudes crônicas de rebeldia ou de submissão. Quem vem a cruzar com essa pessoa já adulta, ao vê-la submissa, saberá da sua história – *sem palavras*.

Quem teve mãe instável, cheia de repentes amorosos e agressivos pode desenvolver modos de borboleta que adeja sempre e nunca pousa. O modo de ser contém em si a história de sua origem. Ao ver o modo, podemos compreender *a pessoa*. Basta olhar. Olhar bem.

Reich denominou o conjunto desses elementos estáveis da expressão não verbal de "couraça muscular do caráter". Couraça porque protege, defende, esconde (e revela). Muscular porque feita ou constituída de conjuntos de tensões musculares cronicamente mantidas. Do caráter porque compõem o jeito da pessoa, porque são características da pessoa e porque influem em tudo que a pessoa faz, pensa, sente e diz.

Mas, se *mostro* o que sou, como sou, o que sinto e o que vivi, então meu "íntimo" está *por fora! Meu corpo é minha alma*. Por isso não quero saber de meu corpo. Porque ele é eu. Porque ele é muito mais do que eu... Se o corpo não for meu, de quem será?

Tem mais – do mesmo.

Todo mundo sabe o que significa IDENTIFICAÇÃO com pai, mãe, herói de cinema, coitadinho, machão etc....

Todo mundo sabe porque identificação *a gente vê* no jeito, no gesto, na cara, "É como o pai", "Ela está querendo ser a Brigite", "Você sempre se faz de vítima"...

A identificação não é um "mecanismo neurótico profundo" nem "complexo inconsciente", que só se evidencia com análise de cinco anos.

A identificação "está na cara".

Basta ver.

Mas para ver – note-se – é preciso olhar...

Então, de novo: nossos complexos e recalques estão POR FORA, no jeito. Por isso não queremos ver nem saber de nosso jeito:

para não ver nosso íntimo!

Porque nosso aspecto exterior é retrato acabado de nosso íntimo, ele se mostra quase sempre com contradições. Posso, em certo momento, sorrir amistosamente enquanto olho para o outro com dureza. Meu gesto de mão pode ir até o outro enquanto faço um movimento de afastamento com o corpo. Posso olhar alguém nos olhos, direta e francamente, enquanto meus ombros estão apertados (de medo) e minhas pernas se plantam no chão com força (preparação para o ataque).

Para a pessoa formal o formalismo
é muito espontâneo...

11 HAMLET E A PERPLEXIDADE

DIGAMOS QUE TEMOS ALGUM negócio, um passeio, um amor, uma briga ou simplesmente uma conversa com uma pessoa. Digamos também que, no momento do encontro, ou poucos instantes depois, nos damos conta das várias expressões da pessoa, e nos apercebemos das diversas intenções contidas em sua posição e no seu modo de gesticular.

Que faremos? Que faremos se os olhos suplicam e a boca despreza?

Que faremos se os olhos desafiam, os ombros estão espremidos de medo e o punho da mão direita se fecha com força – como se pronto para um murro?

Que faremos se a pessoa nos conta sua última desgraça com um tom de voz choroso de vítima. Se seus olhos nos observam com desconfiança, se seus lábios nos afrontam com um vago sorriso zombeteiro, se seu peito inflado e a direção da face – que nos olha de cima para baixo – lembram um orgulhoso, se o seu ombro esquerdo foge ligeiramente num movimento de acanhamento. A quais e a quantas dessas intenções responderemos?

Faremos exatamente o que faz o estrábico quando vê dois mundos:

suprime um deles.

Se não fizesse assim, o estrábico não conseguiria se mover. Nem nós.

Ninguém sabe como o cérebro, a mente, a consciência ou seja lá o que for consegue suprimir metade ou mais das coisas que percebemos.

Não sabemos como, mas o fato é muito evidente, respondendo pela alienação de todos. Todos estão alienados de algumas coisas ou de algum modo.

Como nos será dado compor uma reação que responda simultânea e adequadamente a solicitações tão discordantes?

É muito difícil estar engajado inteiro no aqui e no agora, percebendo "tudo que há para perceber" (Chardin).

Só os iluminados o conseguem – às vezes.

Todos os demais suprimem alguns ou muitos aspectos das coisas.

Diante de tantas intenções contraditórias, podemos ser levados a sentir – não sei por quê – que a pessoa é simpática, nos condoemos da sua desgraça e ouvimos suas queixas. Nesse caso, concluiremos que a pessoa é uma boa pessoa e a teremos na conta de nossa amiga. Mas também podemos – não sei por quê – nos deter mais em todas as intenções desagradáveis expressas em seu corpo, concluindo que a pessoa é insuportável e nossa inimiga.

O QUE VOCÊ FARIA
SE CAÍSSE DE REPENTE
DENTRO DESTE
QUADRO?

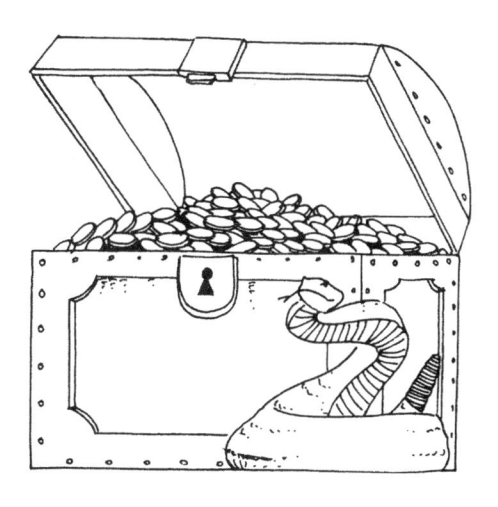

Claro e evidente
que faremos assim.

**Dividiremos a pessoa tranquilamente ao meio
e no mesmo ato nos dividiremos ao meio.**

Responderemos de metade para metade.

Se ela for nossa amiga – se não sei como, nem por que, de-
cidirmos que ela é nossa amiga –, responderemos como amigo e
a acharemos boa, talvez trágica, nobre, heroica.

Caso contrário, a acharemos aborrecida, enfadonha, chan-
tagista e outras coisas assim.

C. G. Jung viveu para demonstrar esta verdade:
o inconsciente funciona sempre complementando
a percepção consciente e compensando as
deformações de valor e significado de que a
consciência sofre – ou que nos são impostas pela
educação e pelas circunstâncias.

12 LEI DA DESGRAÇA IRREMEDIÁVEL

QUANTO MELHOR PERCEBO o outro, mais confuso fico. Quanto mais aceito ver aquilo que meus olhos estão vendo e aquilo que meus ouvidos estão ouvindo, mais me dou conta de quanto são contrárias, inclusive contraditórias, as expectativas do outro em relação a mim.

Ficamos perplexos não só por perceber tantas coisas difíceis de conciliar como porque elas despertam coisas análogas em nós, e não sabemos o que fazer com nós mesmos.

A regra, como vimos, é a alienação, a negação de uma parte, a desvalorização ou a alteração do sentido daquilo que percebemos. Simultaneamente, apreendemos ou criamos um sentido relativamente falso para o momento, baseados apenas naquilo que nos permitimos perceber. O sentido é necessariamente falso porque lida com dados *tornados insuficientes* por alguma espécie de deliberação – ou de inibição. Em algum lugar de nós mesmos, porém, subsiste outra visão do momento, com outra organização, igualmente parcial. Seu sentido é *complementar* em relação à apreciação consciente do encontro – ou do outro.

Ao ceder à alienação, nós eternizamos o desentendimento. Ele continua a existir, mas,

à luz de tudo aquilo que percebemos com clareza,

não podemos compreendê-lo. O desentendimento ocorre naquilo que estamos negando, nas áreas que, por hipótese de alienação, não existem ou não têm importância. O desentendimento não tem causa suficiente.

Concluímos o óbvio: o outro é muito esquisito, muito incompreensível, louco, irracional, incoerente.

A culpa é dele – evidentemente.

A tragédia é esta: "ele" pensa exatamente o mesmo! Diálogo desumano...

13 O CAVALEIRO ANDANTE

Por uma estrada vinha um cavaleiro andante, de penacho branco e reluzente armadura...

seguido de seu fiel escudeiro.

Pela estrada ia também
uma pobre velhinha
com um enorme
feixe de lenha
nas costas.

O cavaleiro aproxima-se
da velhinha sofredora...

contempla-a
do alto de sua
magnificência...

sem a menor hesitação, sem a menor cerimônia, aplica-lhe um violento pontapé na cara...

e segue seu caminho, sem ao menos olhar para trás.

No início, como você viu, insinuou-se a presença de um herói; no momento do pontapé, sentimos todos que perdemos o chão sob os pés... Essa comparação não é apenas literária. Creio que ela é literal.

A verdade é que ao ver o cavaleiro andante nós todos armamos, subconscientemente, alguma espécie de atitude de admiração pelo herói, de identificação com ele, de participação no seu garbo ou na sua coragem. No momento do pontapé, damo-nos conta, subitamente, de que esse mocinho não é o mocinho, mas o bandido.

Impõe-se a todos rápida mudança de atitude, e é precisamente essa mudança que nos traz a sensação de que o chão nos foge sob os pés. Temos de mudar rapidamente de posição porque toda a cena visual e todas as intenções da cena mudaram abruptamente.

Vê-se, pelo exemplo, até que ponto intervém, no diálogo e na interação humana, o jogo de atitudes opostas, contrárias ou apenas diferentes. Vê-se bem o critério que organiza a percepção:

> não posso agir como mocinho e
> bandido ao *mesmo tempo.*

Se o momento solicita atitudes ou ações contraditórias, fico confuso.

No momento seguinte, encontro um modo, *qualquer que seja ele*, de recompor ou de reorganizar a situação: suprimo elementos da percepção ou faço variar o valor dos elementos dados. Assim consigo equilibrá-los de algum modo, consigo unificá-los e, no mesmo ato, *passo a saber o que fazer.*

Isso se chama *"wishful thinking"* – pensamento subordinado ao desejo.

Melhor seria dizer subordinado ao ato ou à conduta.

Segundo os cientistas, isso é próprio da imaturidade emocional. Na verdade, isso é irremediável.

> O cientista "maduro" também vê o mundo a seu
> modo e briga bastante com a igrejinha do lado de lá
> – tal qual a vizinha e sua vizinha. Logo, ou somos
> todos imaturos ou isso é assim mesmo...

Pensamos sempre que é a situação que determina o ato ou a atitude. Muitas vezes, é o contrário – como estamos vendo. Quem entra na situação disposto a brigar na certa encontrará – ou produzirá – algum mal-entendido. Com ou sem razão, o lobo comeu o carneirinho...

14 MORENO, O PSICODRAMA E OS PAPÉIS COMPLEMENTARES

MORENO É O CRIADOR do Psicodrama. Define com precisão um papel: é uma unidade, culturalmente aceita, de comportamento. Pai e filho, marido e mulher, patrão e operário, amigo e amiga, namorado e namorada são alguns exemplos dos muitos papéis que a sociedade, ao mesmo tempo permite, cultiva e exige.

Ainda com precisão, Moreno chama esses papéis de complementares, o que são, de fato, em vários sentidos: um complementa o outro, quase como moldes que se encaixam. Um não tem sentido sem o outro. Um estimula o outro. Um forma o outro. Não há pai sem filho. Médico sem cliente. Padre sem "fiéis".

Todos os papéis são, obviamente, parciais, exigindo, se podemos dizê-lo, em termos numéricos, o empenho de apenas metade da pessoa. *Os dois* papéis formam *uma* unidade. Logo, cada um deles

é metade   do outro:

marido   mulher.

Variando as circunstâncias, a idade, a companhia, a que hoje é filha amanhã será mãe, aquele que hoje é empregado amanhã poderá ser patrão, aquele que hoje domina amanhã poderá ter de submeter-se.

Na verdade, a divisão é mais sutil: o indivíduo que é patrão e dominador no trabalho pode ser em casa, diante da esposa tirânica ou de uma filha mimada, um escravo *dócil e submisso.* Parece claro que nesses termos cada papel é apenas uma pequena manifestação da individualidade. Esta subjaz e ultrapassa a todos eles.

É como o indivíduo que digita ou toca piano com dois dedos, sem jamais usar todos os dedos das duas mãos.

Com essa comparação creio que o tema volta a fazer-se familiar, pondo-se em paralelo com quanto dissemos a respeito da aparência das pessoas e das solicitações múltiplas e divergentes presentes nessa aparência.

"Somos todos uma soma não muito congruente de meios papéis."

Essa é outra definição para a *couraça muscular do caráter*. Toda a psicologia da estrutura social pode ser descrita em termos de papéis ou de couraça muscular. Os dois referenciais esclarecem de modo complementar a dependência de todos para com todos.

Moreno separou os papéis sociais – aqueles que exemplificamos – dos papéis emocionais ou psicológicos, precisamente aqueles que Reich estudou mais de perto.

15 LORENZ E AS CONDUTAS INSTINTIVAS

SUBJACENTES AOS PAPÉIS SOCIAIS e psicológicos, encontramos as condutas instintivas, a do macho e a da fêmea, na época do cio, a da paternidade e da maternidade concebida em seus termos mais simples e diretos, como as observamos nos animais, os comportamentos de dominação e submissão, de ataque e fuga, de autoafirmação e de individualidade de um lado e, do lado contrário, a participação no grupo, a fusão com a horda ou a coletividade.

Nossos princípios nos servem
de apoio e nos elevam.
O mal é que podemos cair deles.

16 OS FUNDAMENTOS MOTORES DO PRINCÍPIO DE NÃO CONTRADIÇÃO

O animal não pode atacar e fugir, ao mesmo tempo, na mesma situação.

NOSSO APARELHO DE MOVIMENTO é extremamente complicado, delicado e preciso, integrando a cada instante um número de esforços elementares da ordem de centenas de milhares. Cada um desses esforços tem um controle neuronal independente, cada um desses elementos é potencialmente voluntário, potencialmente perceptível e, via de regra, até em ações bem simples, temos em ação algumas centenas ou milhares de tais esforços exercendo-se ao mesmo tempo.

Não só a integração desses esforços é um processo na certa bastante complicado, a ponto de exigir praticamente dois terços do peso do encéfalo para se realizar, como também esses esforços têm de obedecer a condições de equilíbrio muito estritas e difíceis. A forma humana – fiquemos com o homem – é bastante imprópria para permanecer de pé.

Se fizermos um boneco com a forma e a distribuição de peso idênticas às do homem, veremos que basta um pequeno empurrão para que ele caia. Esse empurrão, de outra parte, é imposto a essa forma, a cada instante, *por todos os movimentos* que ele faz.

Basta que levantemos o braço, que inclinemos a cabeça ou o corpo para um lado, e já estamos comprometendo nosso equilíbrio no espaço. Pode tratar-se de ações ligadas a objetos – carregar uma mala, andar de bicicleta, manejar uma serra, um martelo. Pode tratar-se de uma agitação emocional, de expressão veemente de ódio, de medo, da atitude de ataque ou de fuga. A dificuldade é sempre comparável.

São esforços muito complexos e bem organizados, a cada momento unitários, isto é, voltados para um fim e, via de regra, capazes de alcançá-lo. No momento seguinte, esses esforços podem se inverter e se compor de outro modo.

Mas, enquanto o sistema de esforços oscila, nós ficamos ou nos sentimos perplexos.

Sentimo-nos "sem jeito", o que, de novo, não é literário, é literal. É o que sucede quando "balançam nosso coreto" – isto é, quando abalam nossas atitudes ou nosso *status*.

É, talvez, por isso que os comportamentos instintivos mostram tenacidade tão acentuada.

São fruto de uma lenta coordenação de esforços, entendendo-se sistema tanto como forças que se exercem em conjunto a cada instante (atitude, postura) como conjunto de forças que se sucedem no decorrer do tempo, compondo uma conduta, um papel, um gesto ou uma sequência de gestos.

É a finalidade, sempre limitada, que limita a organização motora e gera os papéis.

Convém compreender bem concretamente essa afirmação. Nenhum animal vive continuamente

e bebendo, e evacuando,
e dormindo, e tendo relações sexuais,
e cuidando da prole...

Todas essas atividades são necessárias,
mas muitas delas não podem se
realizar simultaneamente.

Daí nasce a organização da conduta total como algo constituído de elementos distinguíveis, como soma de papéis, de atitudes, de gestos... de palavras.

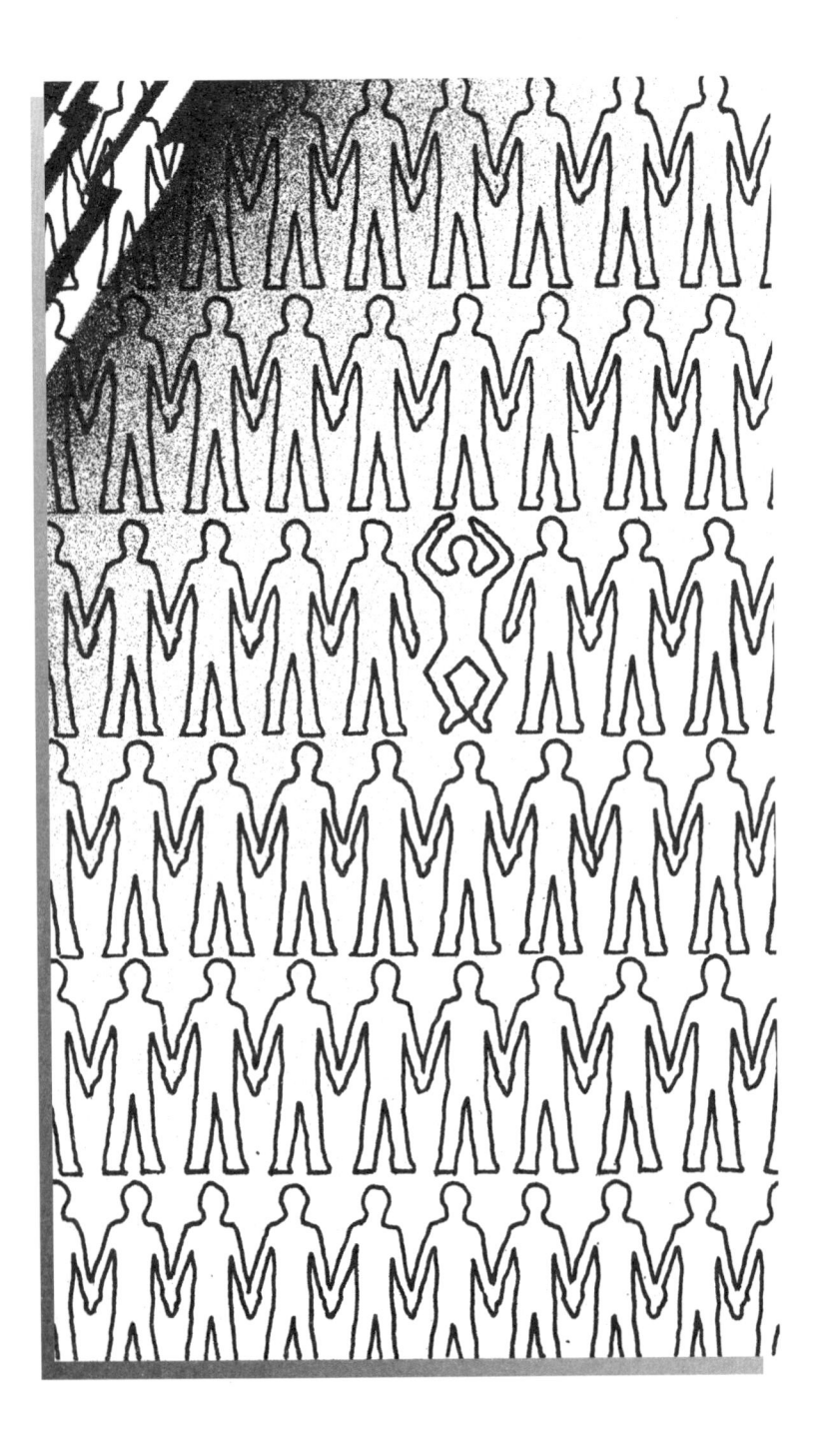

17 A MORAL ÀS AVESSAS

Insistem os defensores da chamada lei natural que todas as sociedades humanas têm algum conceito de bem ou de mal, mesmo quando esse conceito possa variar de sociedade para sociedade. *Aquilo que é tido como bom por nós e para nós pode ser tido como mau pelos nossos vizinhos de outra nação, de outro estado ou cidade, bairro ou casa.* Se tomarmos a afirmação do moralista como pura descrição, concordaremos com ele. De fato, não há no mundo sociedade humana na qual não esteja definida alguma espécie de bem e de mal, de permitido e de proibido, de desejável e de abominável.

A sociedade, tanto quanto o indivíduo, divide o mundo, as pessoas e os atos em duas classes, *a fim de permitir* a ação coletiva.

Vimos que solicitações contraditórias e simultâneas são paralisantes. Nessa divisão vai nossa organização motora e vai a organização do comportamento (são duas coisas distintas). Em *consequência*, vai a organização social.

Mas *no indivíduo* a resposta A pode ser seguida em poucos instantes pelas respostas B e C e A de novo. Diante de um agressor posso tentar submeter-me, depois agredir e por fim fugir.

Já a regulamentação social não tem essa flexibilidade.

Até hoje nenhuma sociedade teve sistema de controle tão preciso e tão rápido como o sistema nervoso do indivíduo; elas tendem a eternizar aquilo que no indivíduo ocorre em momentos.

Sabemos bem que toda organização coletiva tende a funcionar sempre do mesmo modo, durante um período longo.

Parece claro que a sociedade não pode mudar seus princípios todos os anos, muito menos todos os meses ou todos os dias. Mas vai nessa percepção, em aparência intuitiva ou "natural", um erro fundamental de lógica — e de humanidade.

18 O UNIFORME

*A*TÉ HOJE PARECE DOMINAR *a mente da maior parte das pessoas a noção de que a sociedade implica uniformidade de comportamento, mesmo que essa uniformidade se limite à classe do indivíduo. Caso contrário, supomos, imaginamos ou tememos o caos.* Concebemos todas as sociedades no molde e no modelo do formigueiro. Cada classe é concebida como uma casta, com aparência, comportamento, funções e inter-relações perfeitamente definidas e estáveis em relação às demais classes (ou castas).

Em cada classe, seja ela econômica, profissional, religiosa ou moral (os virtuosos e os pecadores), sempre se espera, em cada uma delas e em todas elas, que os indivíduos mostrem certas espécies de comportamento.

A sociedade precisa ser assim?

Em todas elas existem as coisas que estão certas, são direitas e ficam bem, e em todas elas existem as coisas que estão erradas, não ficam bem ou são pecado – seja o pecado moral, social, econômico ou outro.

Daí que todos os indivíduos se *sintam coagidos a só permitir* a manifestação de algumas de suas inclinações e *a suprimir* a manifestação de outras – todas aquelas que colidem com as exigências de sua classe, sua casta ou sua tradição familiar.

O indivíduo passa então a manifestar o que convém e tenta controlar ou impedir a expressão daquilo que não convém.

Ele se faz cúmplice do sistema – *ou célula do organismo* – ou cidadão de seu mundo. É um indivíduo bem integrado que a bem da agregação social se desintegra.

De novo emerge o meio homem.

19 A EXEMPLAR HISTÓRIA DO REIZINHO VAIDOSO

Todos conhecem a história do reizinho vaidoso que pagou uma fortuna para que dois espertalhões lhe fizessem um traje tido e havido como inigualável – mas que não era traje nenhum. No dia em que o reizinho saiu nu à rua, todo mundo se encantou com a beleza e o luxo indescritíveis da pele do soberano, que nada tinha sobre o corpo.

Além daquilo que sua vaidade
o obrigava a afirmar,

e além daquilo

que seus súditos se sentiam obrigados a ver,

foi preciso a ingenuidade de uma criança para que a situação fosse denunciada.

No jogo das relações sociais, a mesma cumplicidade do silêncio e da cegueira existe de cada um para com todos os demais.

O *contrato*, que é a própria definição do homem, presta-se a manifestações ridículas ou trágicas. O contrato é o acordo das vontades em função de uma fórmula verbal aceita pelos contratantes. Essa fórmula, no contrato social, de regra é implícita (preconceito, usos e costumes de cada mundo social).

O contrato é, segundo alguns estudiosos, o ato mais específico do homem, o ato que *fez o* homem, a partir dos antropoides. O primeiro dos contratos – o que gerou a humanidade – foi a proibição do incesto, que é, ao mesmo tempo, aceitação da exogamia.

Como instrumento de produzir humanidade, o contrato é deveras prodigioso, justificando todos os louvores feitos até hoje ao livre-arbítrio (sem o qual o contrato não tem sentido). Nada de surpreender que força tão poderosa possa estar sujeita a usos tão maus ou ridículos como os que estamos examinando. Do contrato implícito à cegueira coletiva convencional vai passo menor do que se imagina.

É claro que os primeiros contratos humanos não foram verbais (nem registrados em tabelião!). Logo, podemos falar de contrato ao assinalar que ninguém *pode ver* o que *não convém* à estrutura social. Essa cláusula é tão original (tão próxima da origem) quanto a do tabu do incesto. Também Freud, que denunciou a este, foi vítima daquele: preferiu *não ver* seus pacientes!

A verdade simples é que ninguém esconde muito o que sente nem consegue disfarçar quando está disfarçando, mas como na própria classe todos usam o mesmo artifício e praticam o mesmo embuste ninguém denuncia ninguém. E a mentira de cada um subsiste à custa da mentira de todos.

Não vemos nem dizemos que o outro está nu, pois que no mesmo ato nos sentiríamos fazendo um *strip-tease* em público! Nossos sonhos, que ainda são ingênuos, muitas vezes fazem exatamente assim!

Para fugir ao vexame concordamos todos em que o homem é composto de corpo e alma, a alma que só eu vejo, que só eu sei, que só eu conheço; e um corpo que só os outros veem – mas não tem muito que ver comigo, graças a Deus! Se meu corpo fosse de fato meu, se eu o sentisse como tal e percebesse o que ele exprime,

minha alma não teria mais atrás de que esconder-se.

Hoje ela, minha alma, acredita que está escondida "atrás" do corpo. Vezes outras ela acredita que o corpo só manifesta o que ela permite, quer ou deseja. Deixemo-la na sua ilusão de rainhazinha vaidosa, a caminhar nuazinha pela rua, convicta do seu traje suntuoso e convicta da sua intimidade profunda – que ela pensa que ninguém conhece.

A tese parece muito ousada – ou simplória. Mas antes de julgá-la assim é preciso meditar em um dos maiores mistérios do homem ocidental: sua relação com seu corpo.

Na verdade, sua não aceitação de sua aparência.

Sejamos bem concretos:
vamos sair nus, na rua. Já! É isso.

Muito antes do tabu sexual, muito mais profundo e amplo, existe em nós o tabu da nossa nudez. Nem tanto a pele. Bem mais a aparência, o aspecto exterior, o gesto, a atitude...

Tenho para mim, inclusive, que a condenação do prazer do corpo e da carne é consequência *lógica* – isto é, necessária – da negação dessa aparência.

"Atrás" daquilo que eu quero (e posso mostrar – a roupa, meus aspectos convencionais aceitáveis) *não existe mais nada.*

Não posso admitir que existe – ou me desclassifico socialmente! Logo: não posso ter corpo! Ter corpo significa aceitar tudo aquilo que por amor e temor à minha casta eu *tenho certeza* de que não tenho. Segundo a linguagem do asceta, a carne é o mal, é o pecado, é o proibido...

Ora, foi exatamente isso que dissemos até agora: quem se der conta do corpo e da aparência perceberá que sente em ato tudo aquilo que mentalmente excluiu da imagem "oficial" de si mesmo.

Mas repetindo: o que eu "jogo fora" o outro recolhe. O que eu nego em mim o outro vê – simplesmente.

Pode-se conceber um estilo de convívio social no qual a uniformidade do grupo não seja obrigatória?

20 O MAL DO BEM E DO MAL

É PRECISO DESTRUIR A moral para que a moralidade se realize. Só no dia em que os homens abandonarem critérios gerais – ditos "universais" – de bem e de mal é que poderão todos manifestar aquilo que são, sem se retalhar e se dividir – tanto interior como exteriormente.

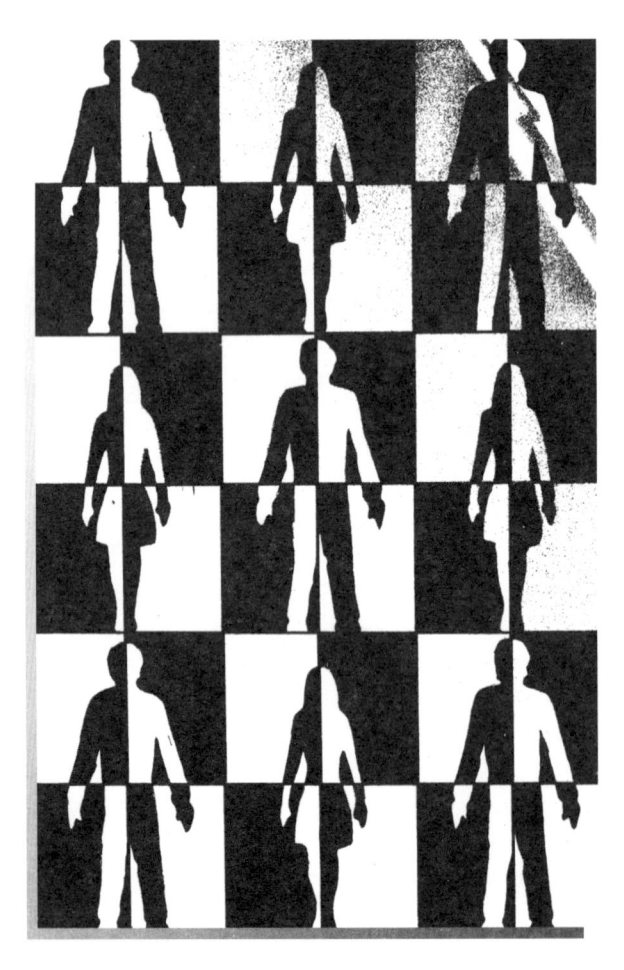

Só então as classes sociais desaparecerão.

Só então, numa sociedade amplamente permissiva, poderão os indivíduos viver todas as suas aptidões e inclinações, sem estabelecer entre elas prioridades suspeitas, desde que toda escolha de uma implica sacrifício da outra, desde que toda realização de uma implica a supressão ou mutilação do seu contrário.

Se o primeiro dever do homem é a realização de si mesmo até seu limite, então toda sociedade uniformizante é um pecado imperdoável. Ou uma contradição insolúvel, isto é, uma paralisia multiplamente recíproca e estruturada.

Ainda hoje é grande o número de pessoas a acreditar que a moral do "fazer a própria vontade" é uma coisa fácil, é a linha de menor resistência, a vertente da decadência e da frouxidão moral. Só pode pensar assim quem nunca tentou fazer a própria vontade até o limite – nem aguentou as consequências!

Não temos – aparentemente – a força, a grandeza e a duração dos

grandes princípios

que são a

lei de todos contra todos.

Por isso nossa posição individual é frágil, incerta e pequenina – é difícil de sofrer. Por isso renunciamos a nós mesmos, à nossa fragilidade, "maldade" e pequenez.

Que a *Grande Autoridade* cuide de nós. Que os *Grandes Princípios* nos protejam!

A norma social nos alivia ao absorver e consagrar nossa incerteza, devolvendo-a logo sob a forma de Bem e Mal Coletivo, de Obrigação. Por isso aceitamos a moral de todos – do grupo. Porque ela elimina incertezas individuais pungentes e insolvências emocionais difíceis de sofrer.

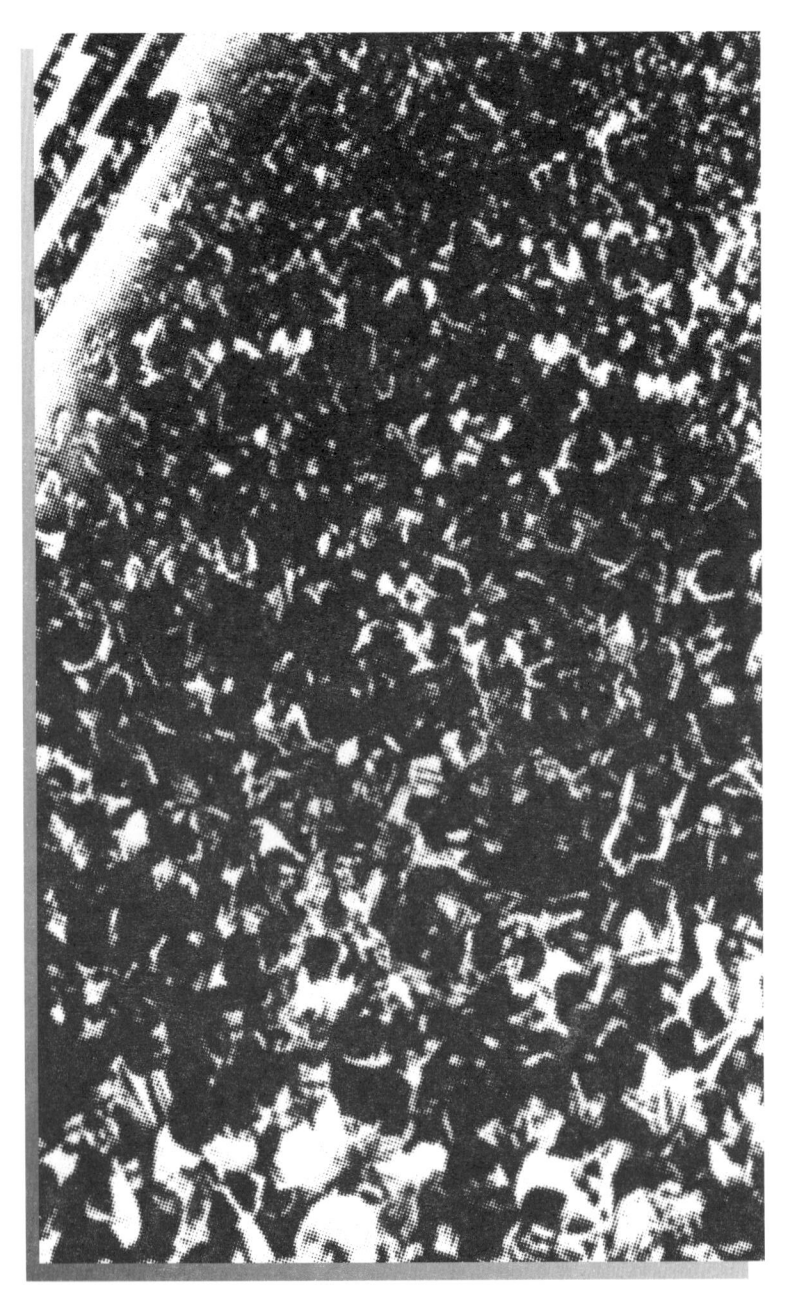

Eu sou uma ilha e os outros são o mar.

21 MINHA VONTADE E O OUTRO

NÃO SE PENSE QUE "fazer a própria vontade" exclua ou destrua ao outro. O outro está sempre aí – multidão inumerável que me envolve do primeiro ao último instante da vida. Que me envolve por fora e me invade por dentro. Tudo que sou e faço se formou e acontece na relação com os outros. Tudo que eu faço tem consequências – dentro e fora de mim. A vontade própria não é o fim da norma nem do outro.

22 A MALDIÇÃO DA ESTRUTURA DIVIDIDA

É A ESTRUTURA SOCIAL que mantém a tortura da carne! Explico-me: vimos bem como são múltiplas e discordantes as expressões emocionais das pessoas, suas atitudes, suas faces, seus gestos.

Vimos também que essa discordância decorre do fato de todos nós querermos manifestar a qualquer preço aquilo que parece conveniente, e de tentarmos todos esconder aquilo que parece impróprio, inadequado ou errado.

Quando, porém, por injunção social, eu escolho alguma coisa de mim mesmo, passo imediata e irremediavelmente a cobrar da sociedade o sacrifício que ela exigiu de mim.

Sinto-me mutilado, com direito a pensão e privilégios. Passo a uma atitude básica de dependência em relação à autoridade constituída, que de algum modo reúne ou resume em si a força da estrutura social. Passo imediatamente a implorar ao Deus que me mutila – e a odiá-lo.

Viver esses dois elementos inevitáveis é difícil – senão impossível. Como viver duas atitudes tão contrárias como a da adoração e a do ódio?

O que acontece é que nós imediatamente projetamos a metade suprimida de nós mesmos e passamos todos a caçar bruxas. Criminoso, antissocial e perigoso passa a ser o vizinho, o parente próximo, o patrão, o governo, o negro, o gay, o maconheiro e os outros bodes expiatórios que todos nós inventamos a todo instante para que eles carreguem em si aquilo que nós temos de negar em nós mesmos.

Nenhuma sociedade atual sobreviveria sem bodes expiatórios. O genocídio dos judeus além de fato é símbolo.

Enquanto aniquilamos aqueles que são culpados, pioram as relações sociais.

Porque os culpados não são culpados – claro. Porque culpados são todos – somos todos –, claro.

Mas também somos vítimas – todos.

Ou aprendemos todos a sofrer como vítimas – que somos –, ou seremos todos vítimas termonucleares.

Não sou eu o bom nem ele o coitado – ou o FDP. Somos os dois coitados.

E FDPs...

Esta a tragédia, a comédia e a perplexidade. O capitalista é tão coitado quanto o trabalhador e o trabalhador é tão FDP quanto o capitalista. O russo é tão desgraçado quanto o americano, que é tão FDP quanto ele. Ou entendemos assim, ou continuaremos a fabricar a interminável tragédia que é a história da humanidade.

De onde nasce o temor de perseguição que reside em todos – se aceitarmos os achados centrais de Melanie Klein?

Enquanto apoiamos todos a lei de todos, somos todos perseguidores, juízes e policiais de todos. Principalmente carrascos.

Ninguém pode fazer diferente.

De onde vem, ainda, a profunda sensação individual de que temos todos os direitos, senão do fato de termos nos mutilado para sempre – por imposição de todos?

Se sou mutilado assim, então tenho o direito de encampar, conquistar e possuir *o máximo que eu puder*. Eles, os outros, não são meus inimigos?

Por que hei de tomá-los em consideração?

Não é difícil perceber que estamos generalizando alguns achados básicos da psicanálise.

Até onde pôde, a psicanálise limitou-se à família, que é instrumento social de transmissão automática das pressões sociais, que perpetua as classes e fabrica os cidadãos.

Se o neurótico subsiste e continua neurótico, é porque a estrutura da família foi interiorizada por ele, é porque a estrutura social é análoga à familiar.

Deixar de ser neurótico – se e até onde for possível – é deixar a estrutura social e é passar a existir em outro mundo.

Sozinho.

23 O MISTÉRIO DA *SOLIDARIEDADE ANTAGÔNICA*

O mistério é este: preciso do meu inimigo porque
ele é metade de mim. Sem ele não consigo
conceber-me e sem ele não sei agir.
Só sei agir contra ele – o inimigo cuja existência
me organiza, orienta e anima.
Meu irmão – apesar de tudo e por causa de tudo.

24 EPITÁFIO

**Aqui jaz tudo que eu nego
em mim e ponho em você.**

É ASSIM QUE SÃO geradas e se mantêm as forças de repulsão da estrutura social, tão necessárias à manutenção dessa estrutura quanto a pressão das necessidades comuns e a atração da solidariedade humana. Ficamos todos imobilizados e a certa distância uns, dos outros, e compomos assim, em uma analogia inevitavelmente molecular, uma estrutura, isto é, uma forma que se mantém indefinidamente, à custa de forças de atração e *repulsão equilibradas entre si.*

Pudéssemos nos assumir
a metade rejeitada de nós mesmos,
e imediatamente modificar-se-ia
toda a estrutura social.

Creio – é um ato de fé – que desse modo, e só desse modo, nos será dado transformar uma estrutura rígida, cristalizada, opressiva e ameaçadora numa organização capaz de crescimento, de fato viva, de fato cálida, de fato amorosa.

Amar o outro é a primeira condição da liberdade. Para amar é preciso aceitar a si próprio e depois aceitar o outro – o inimigo tradicional. A aceitação começa

no meu espelho mágico
(que é você).

O processo é dialético e interminável.